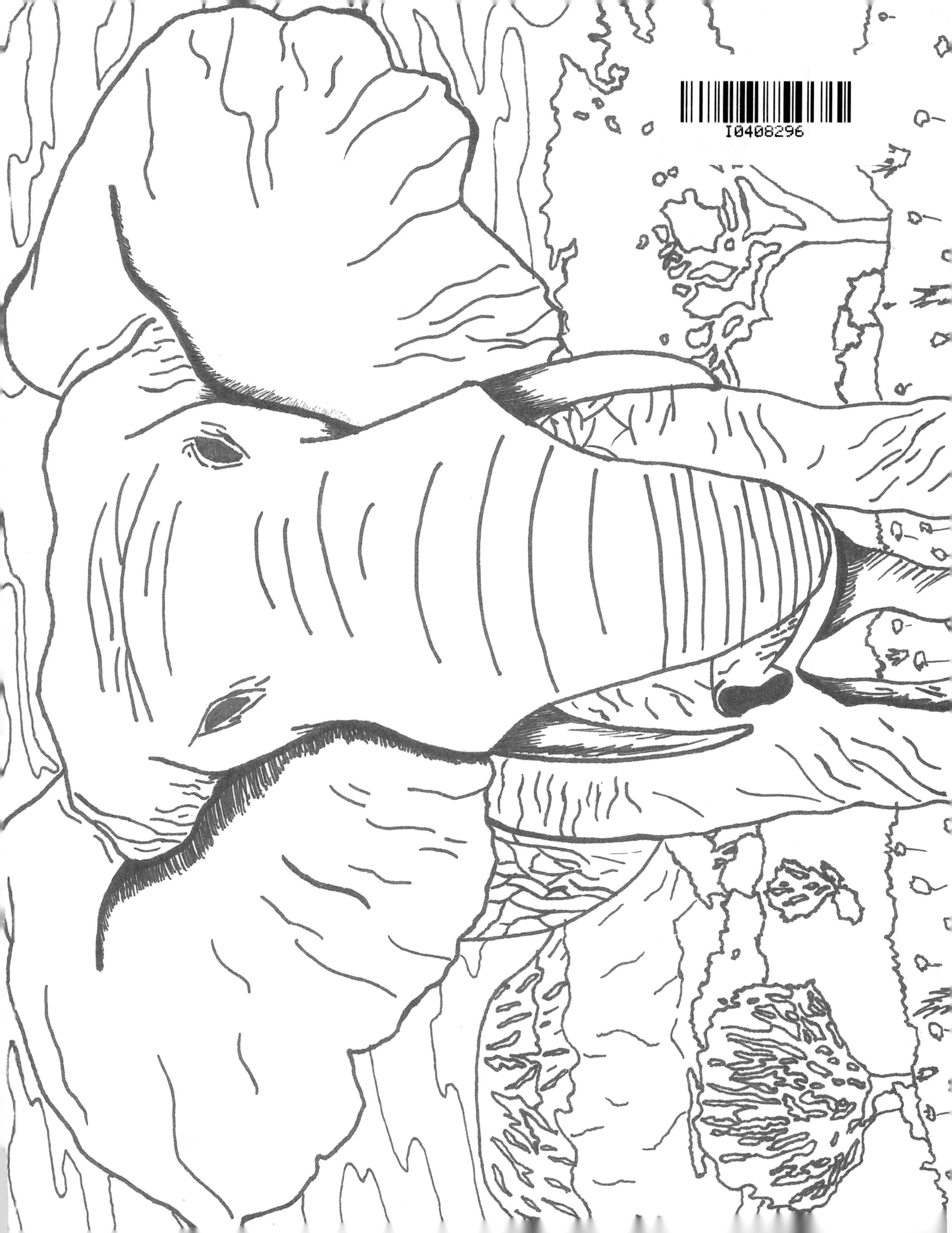

I0408296

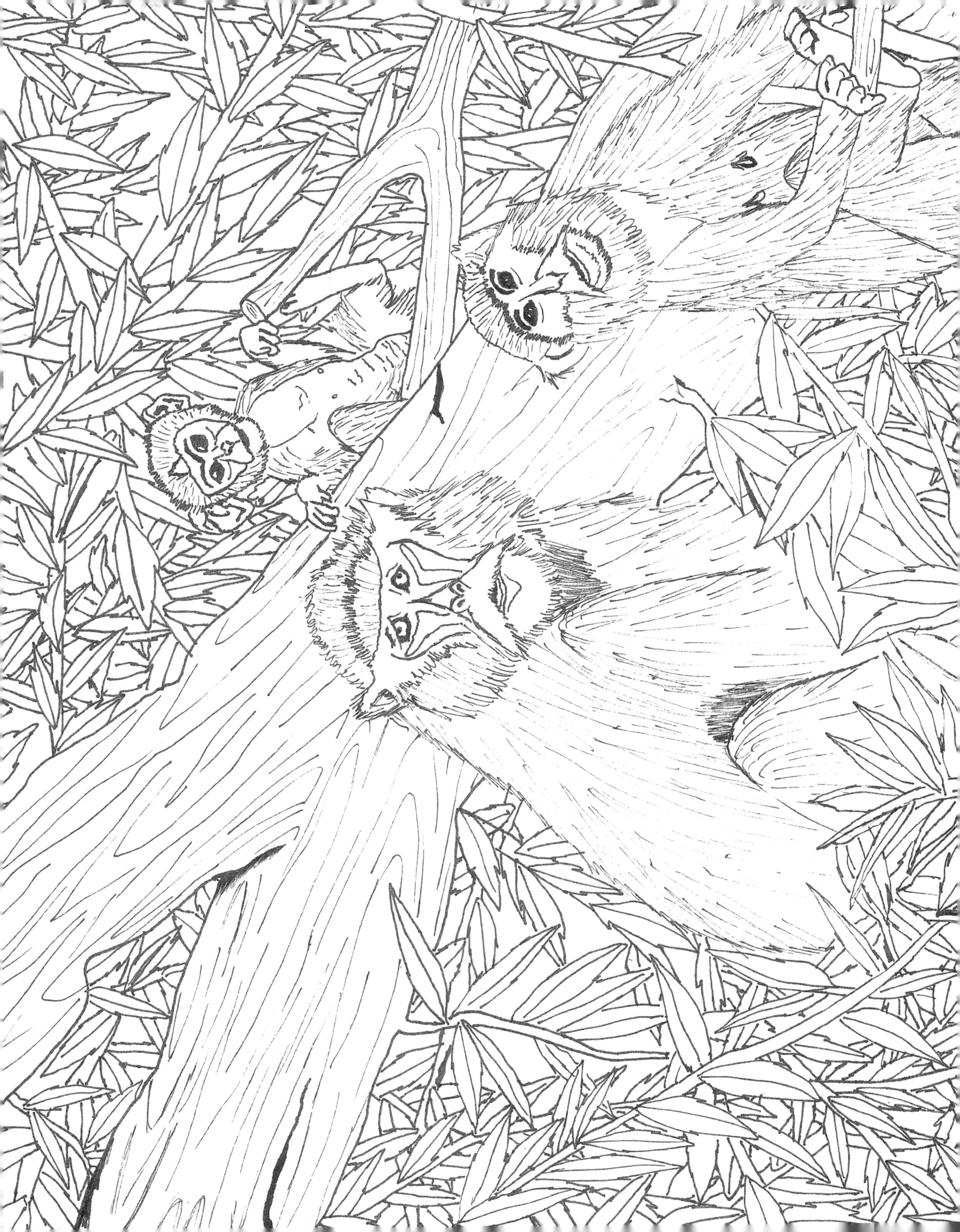

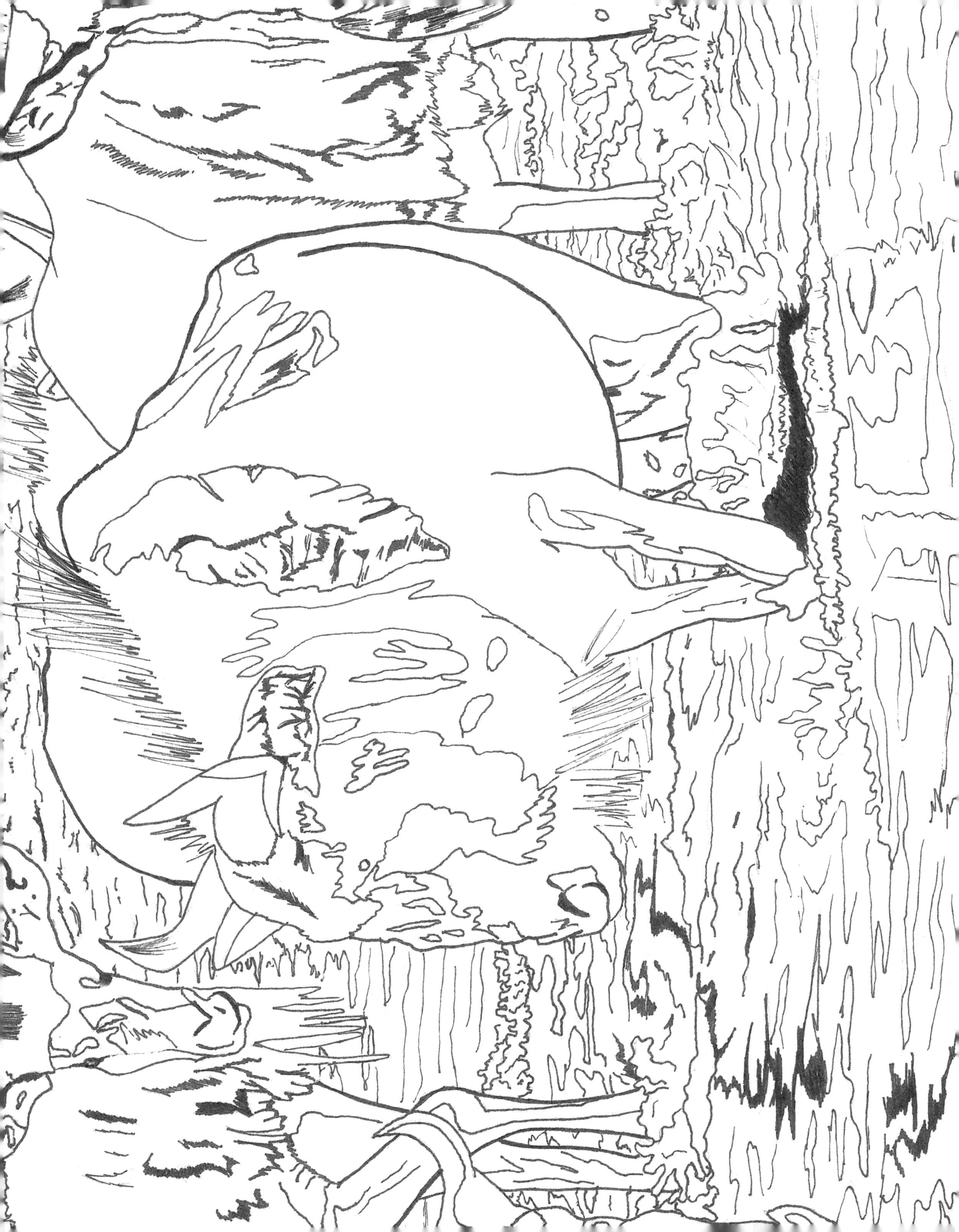

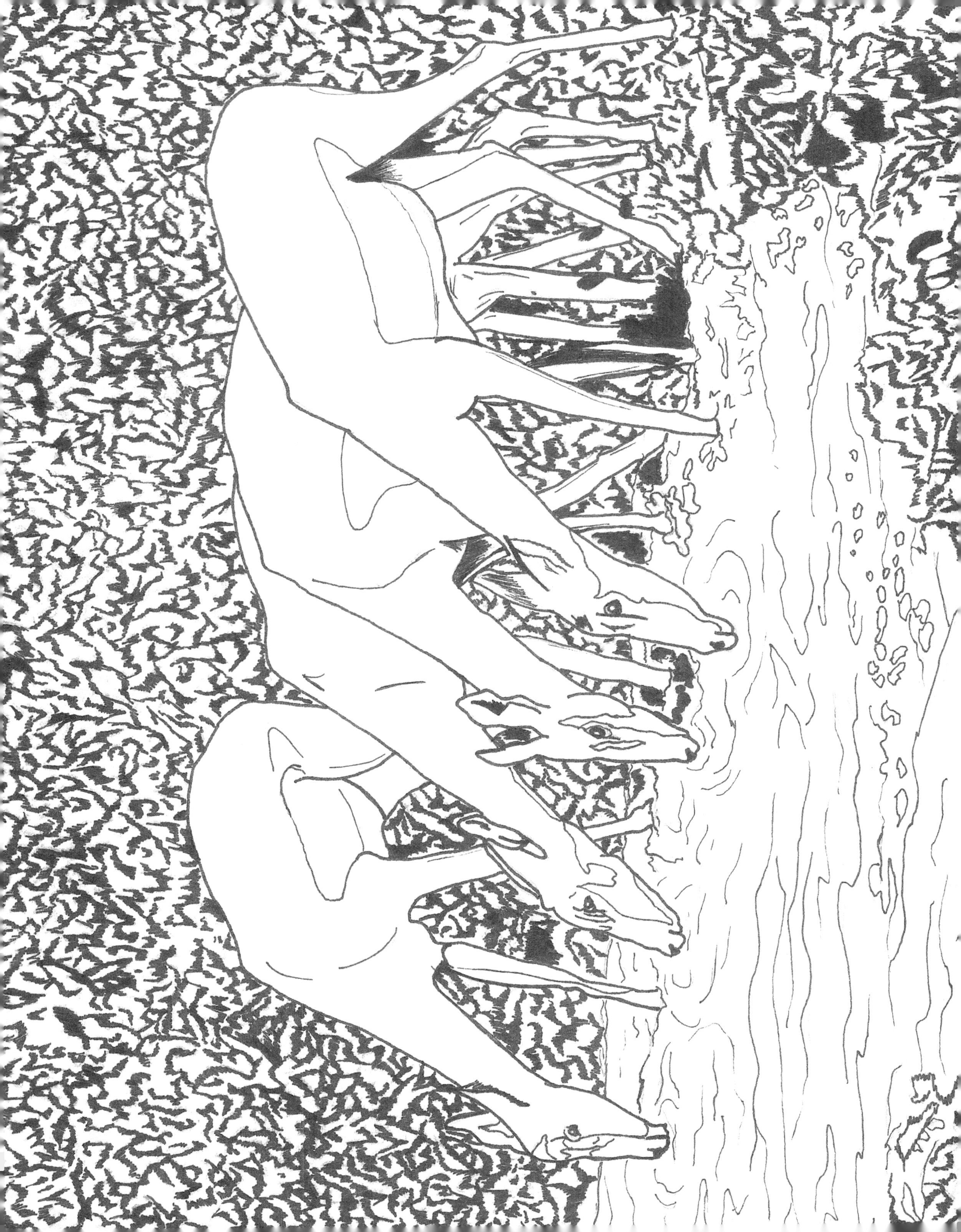

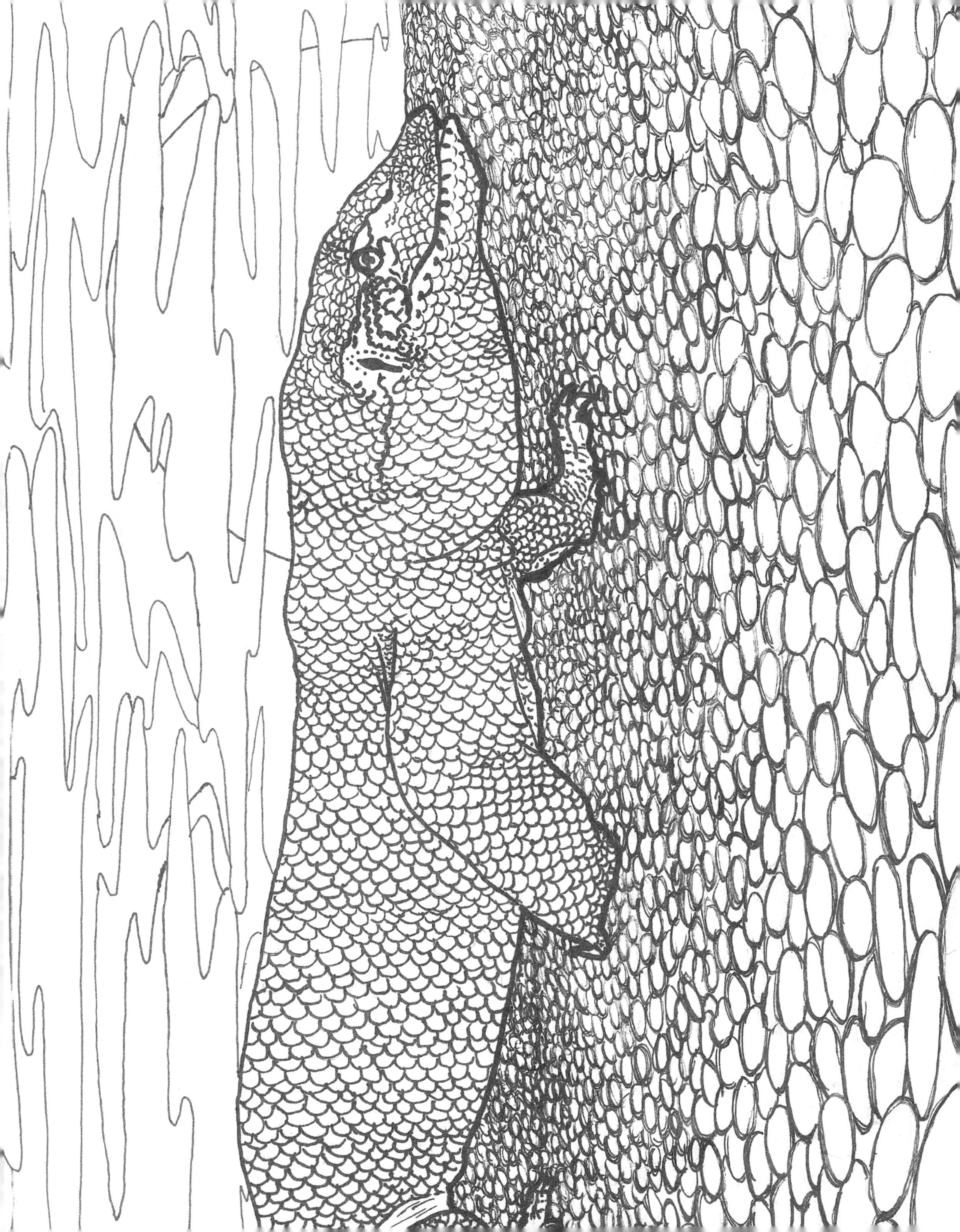

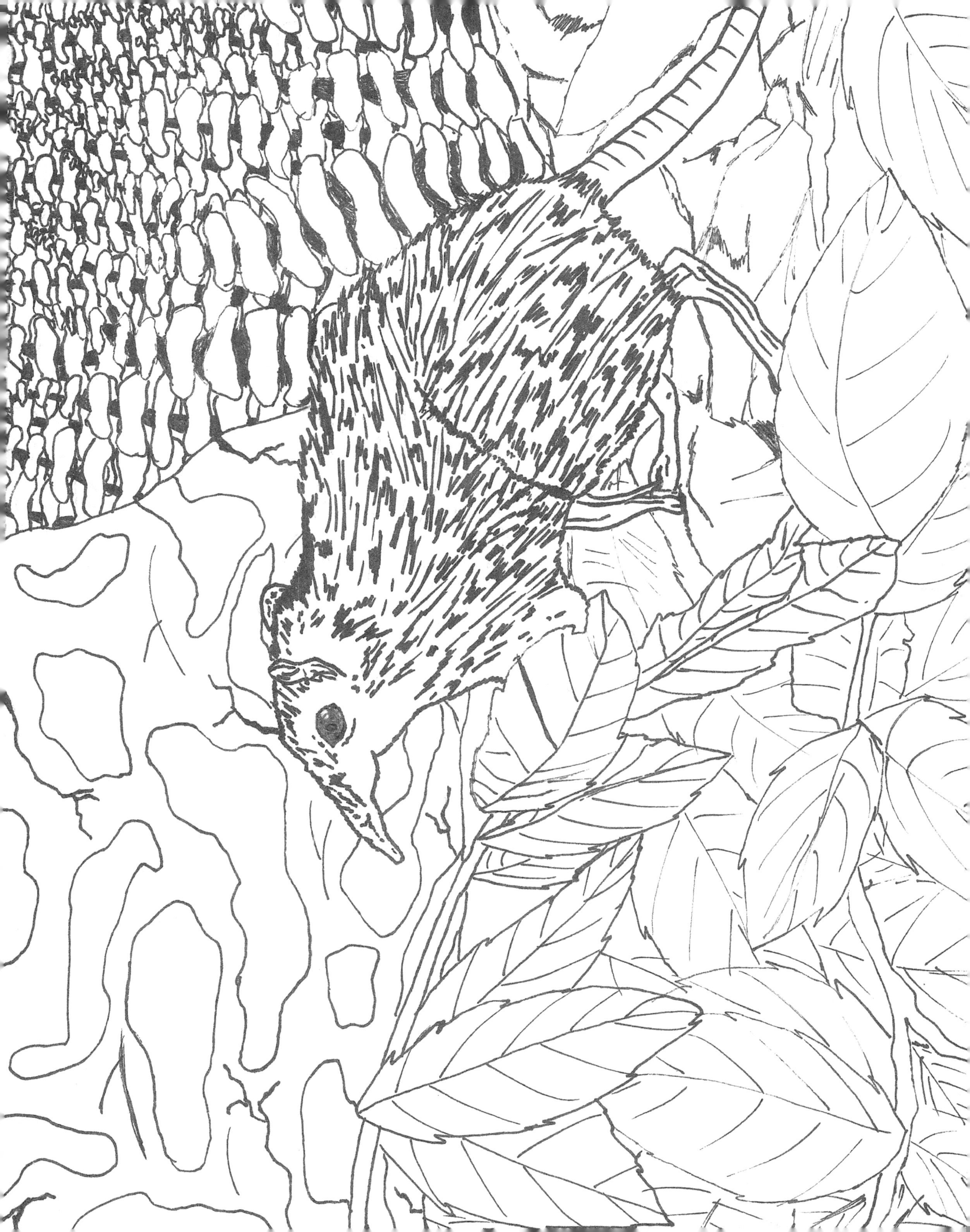

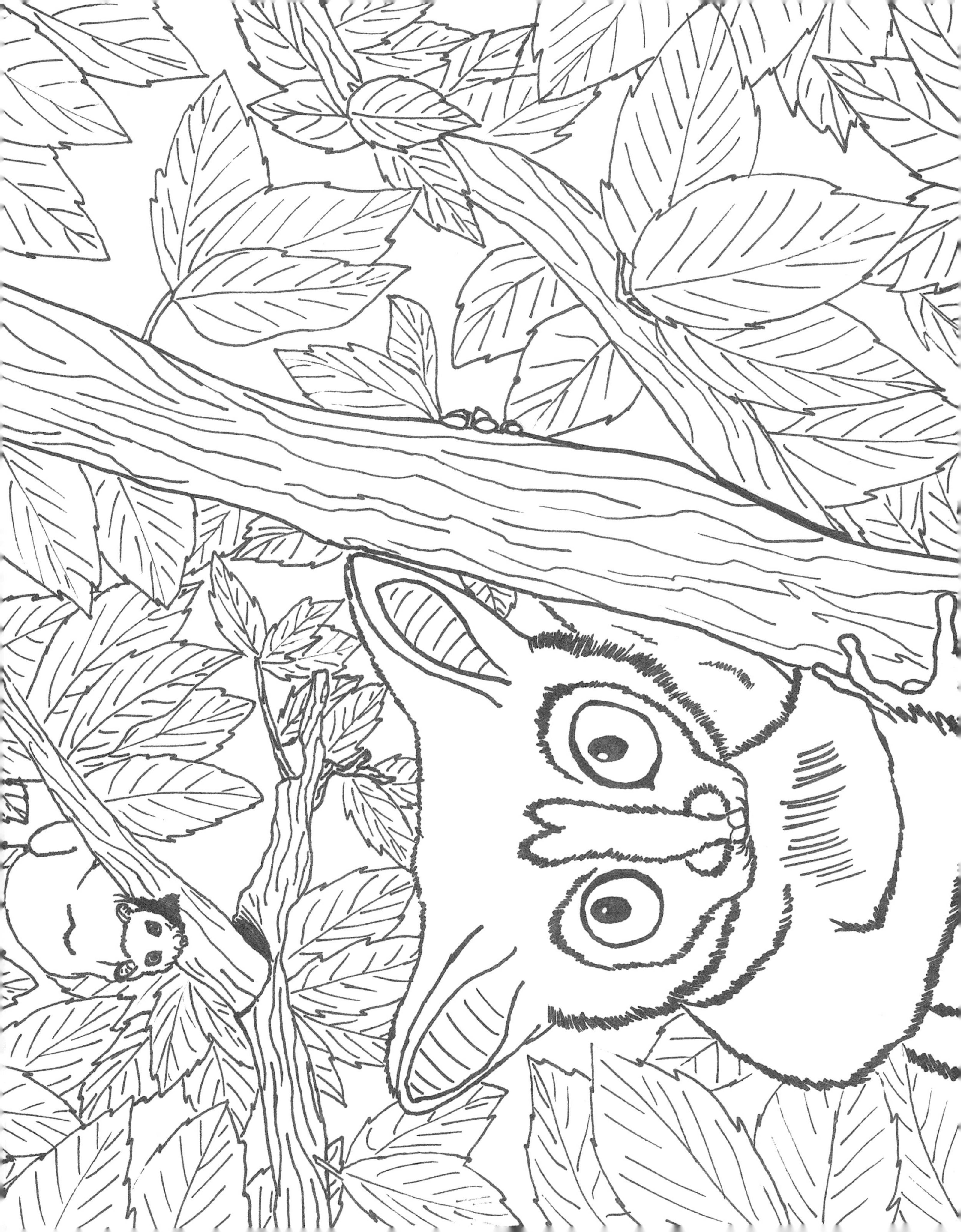

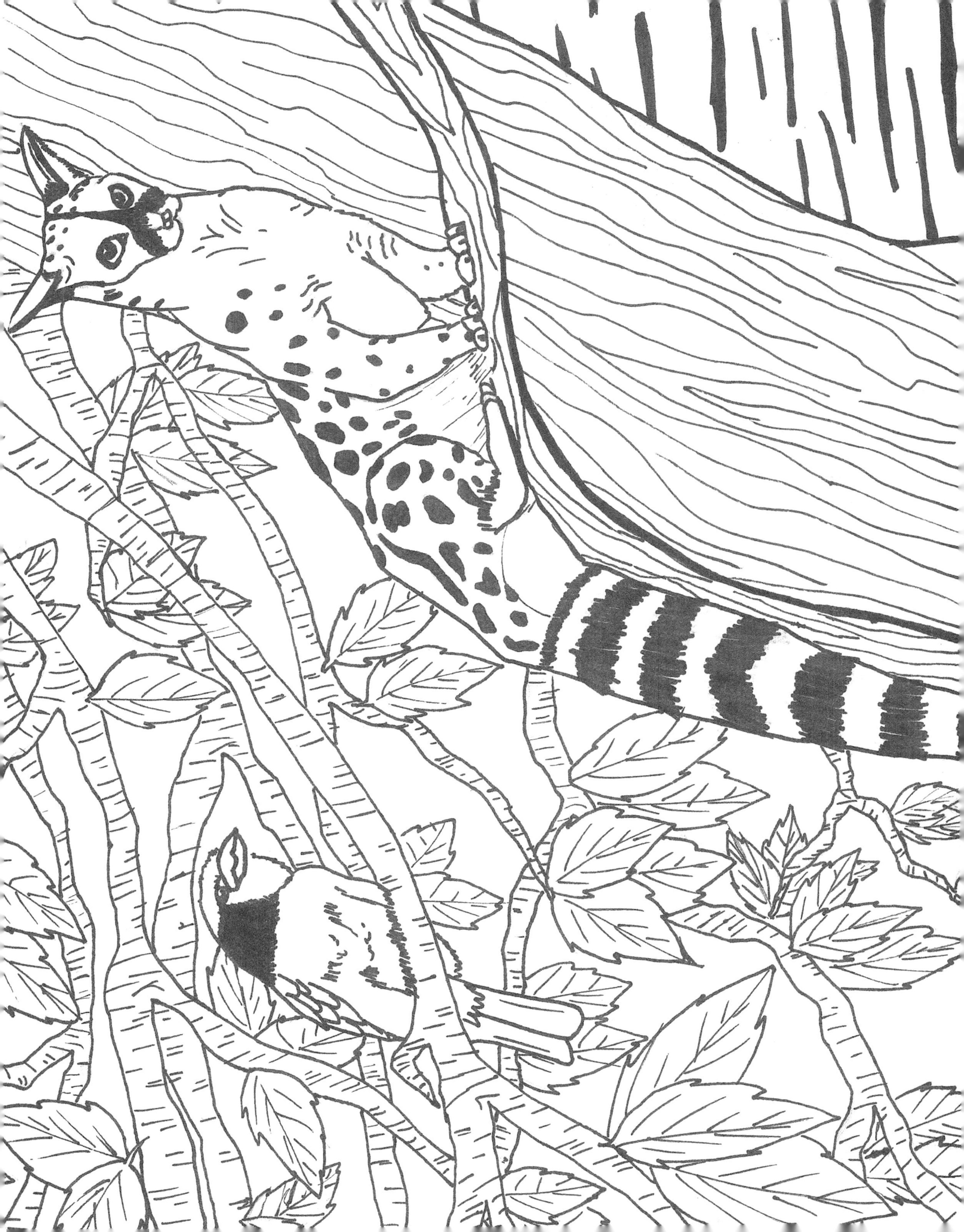

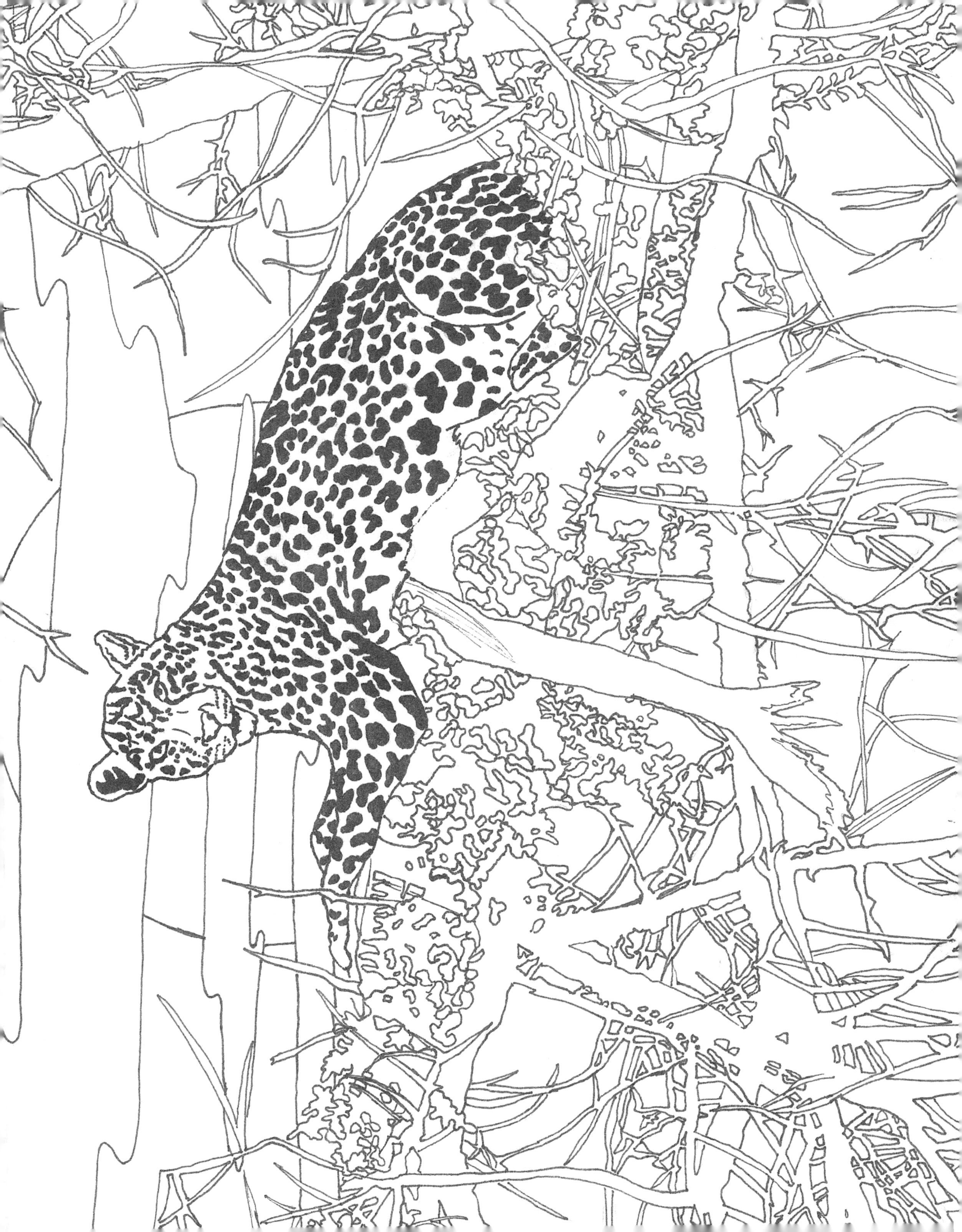

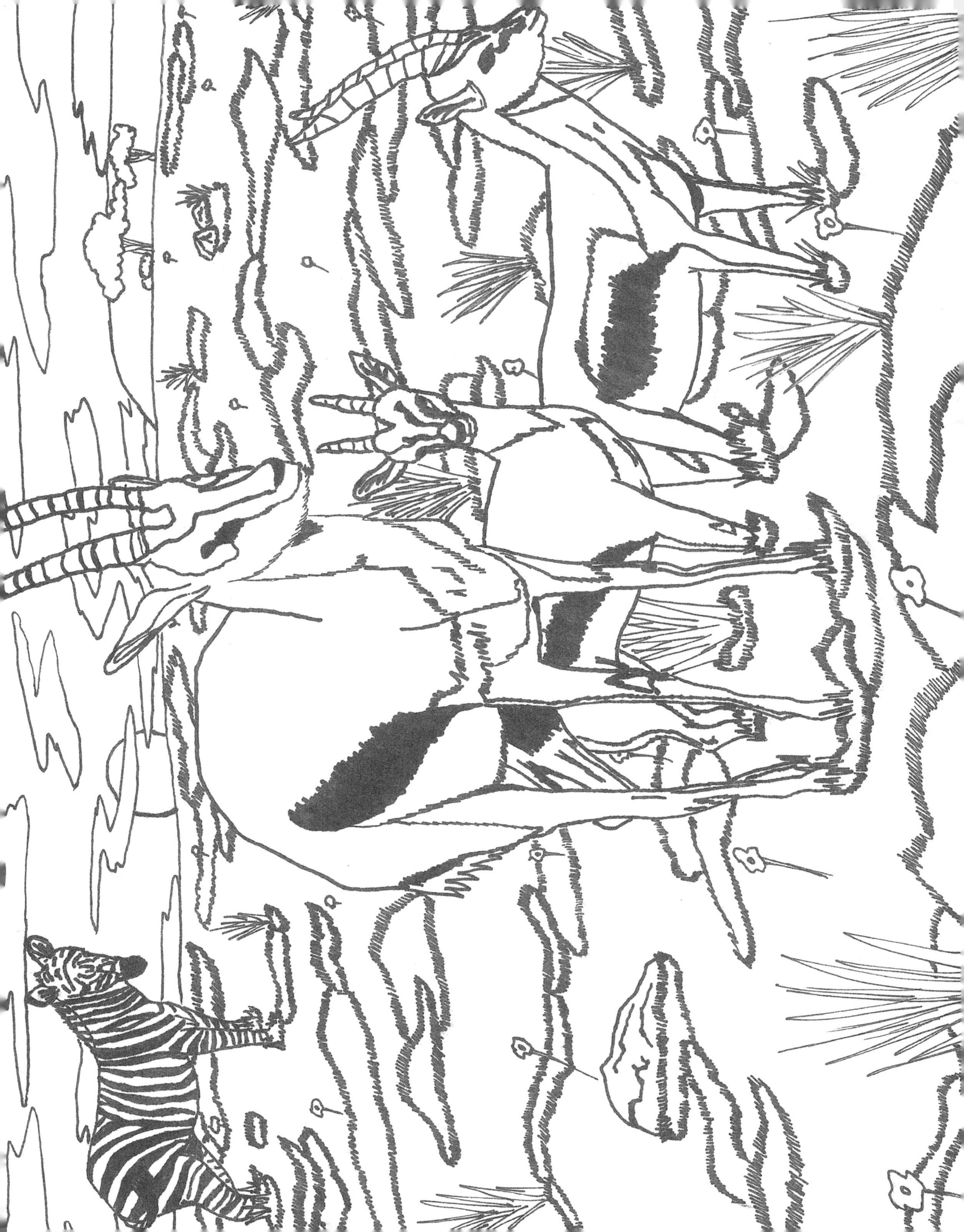

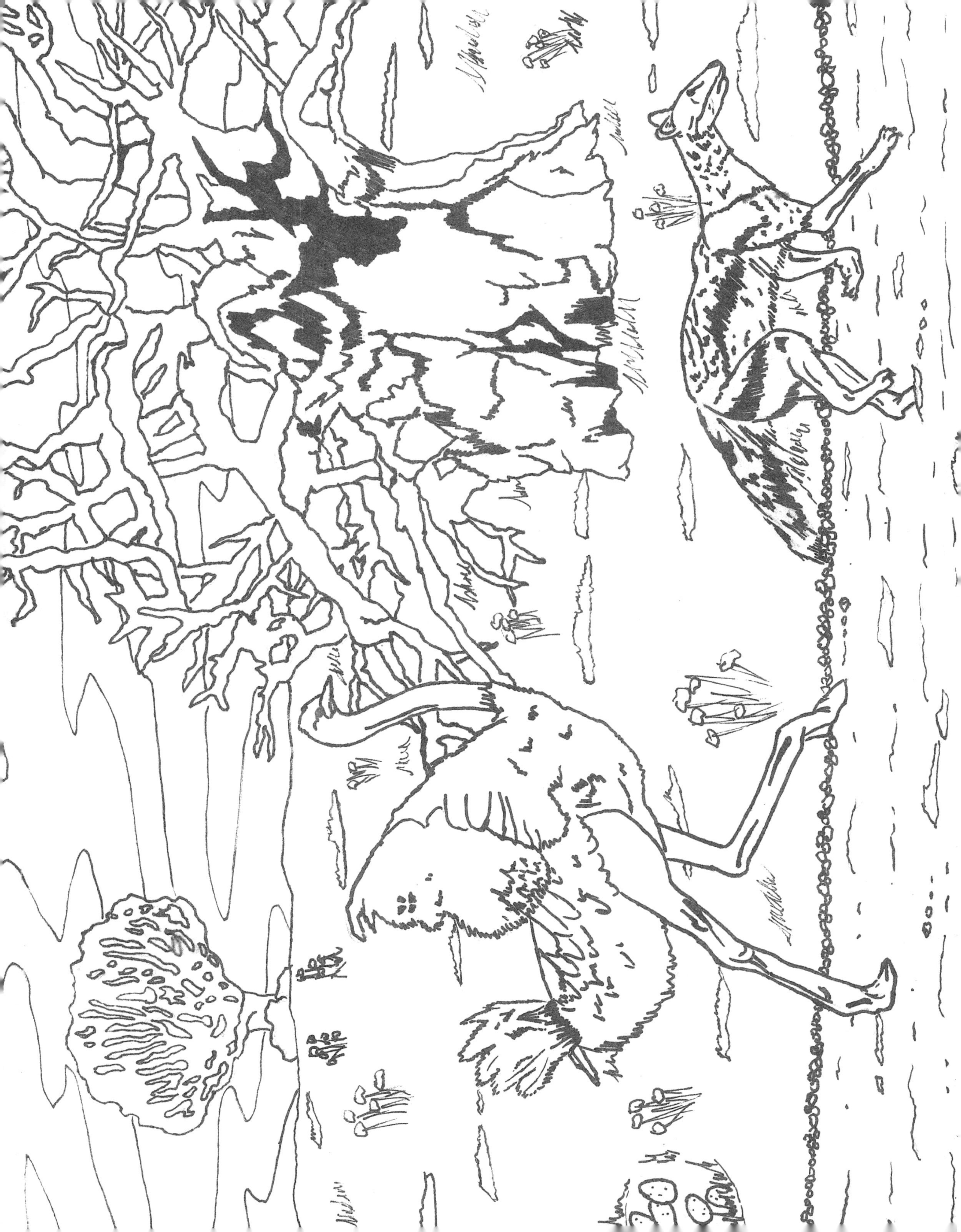

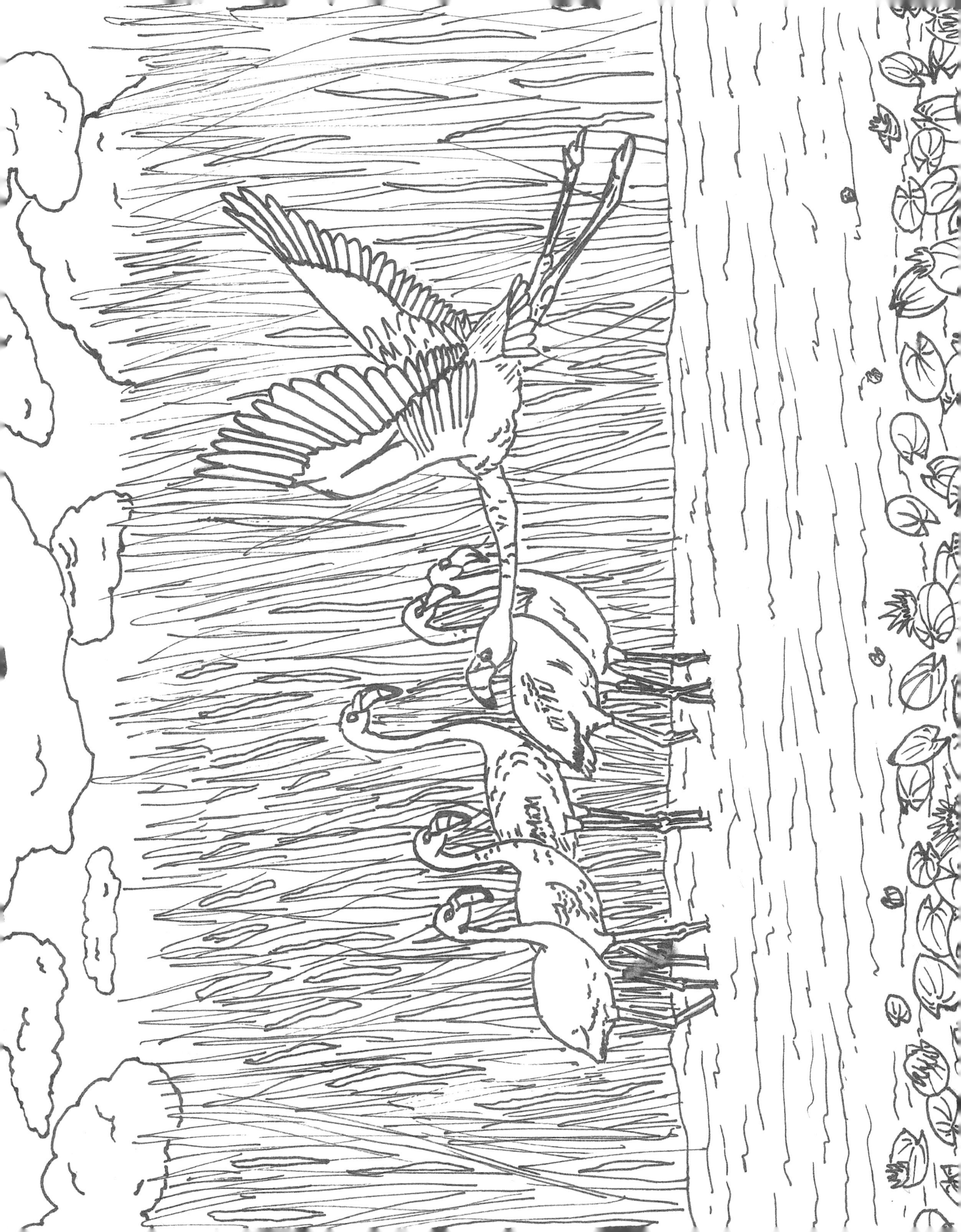

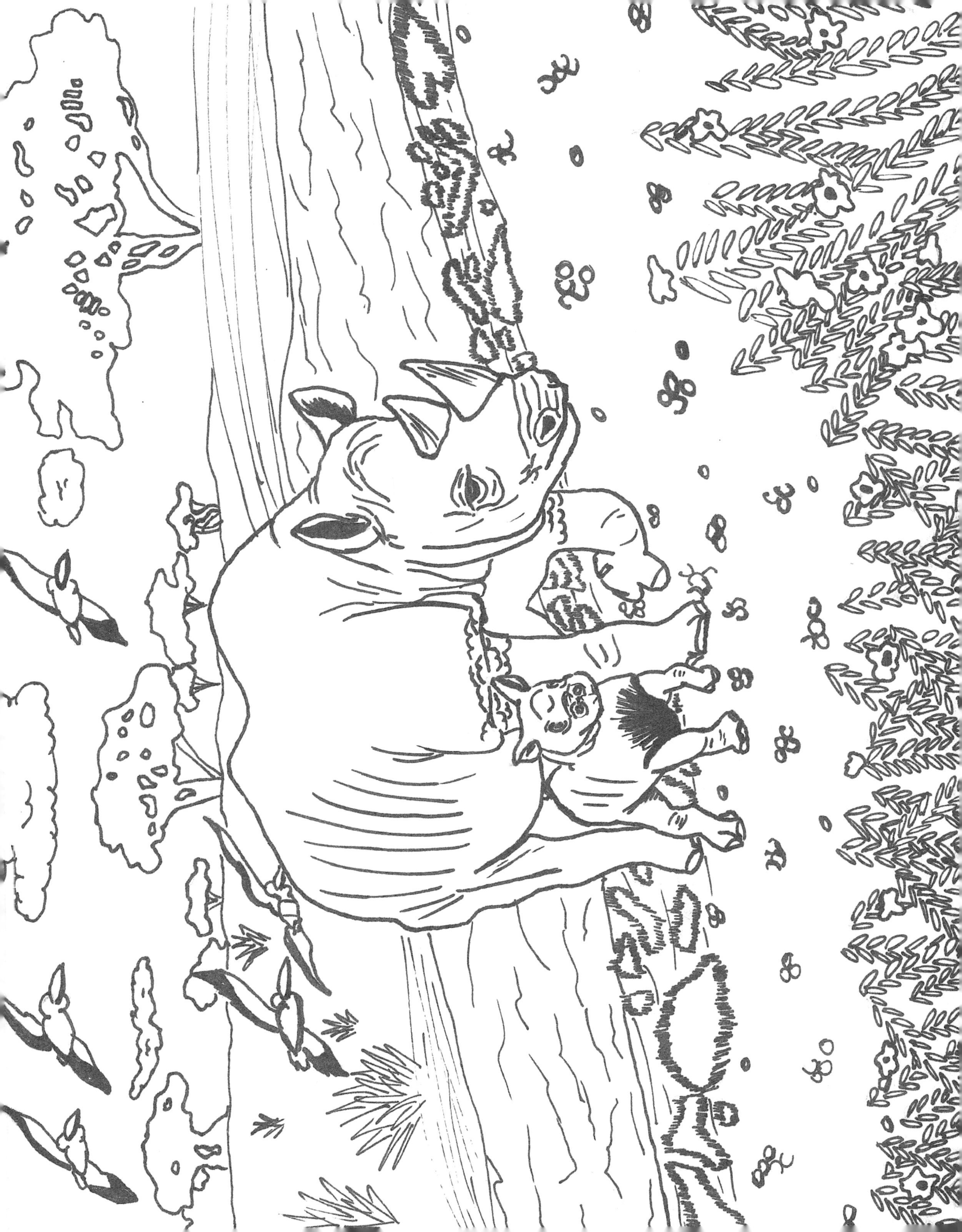

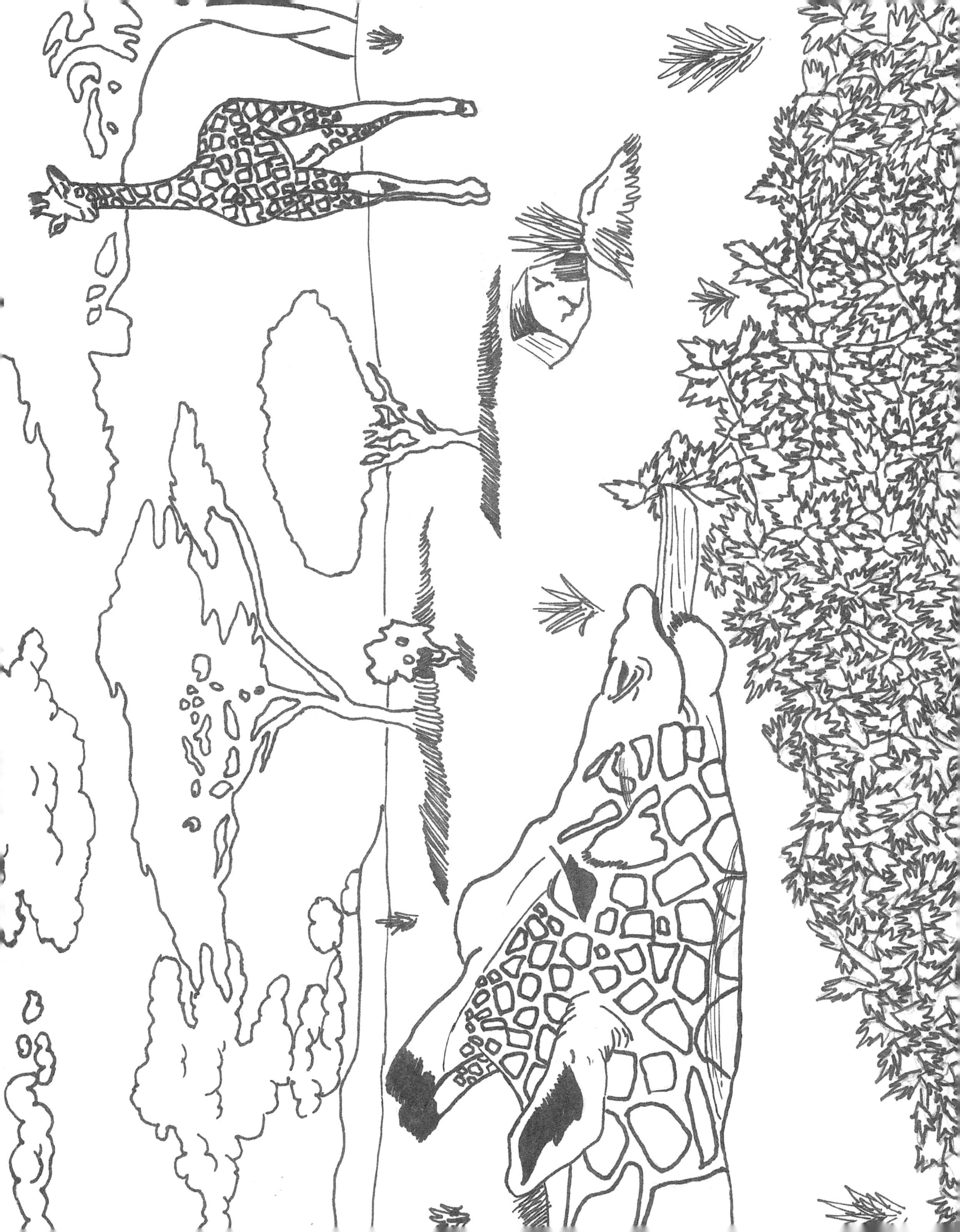

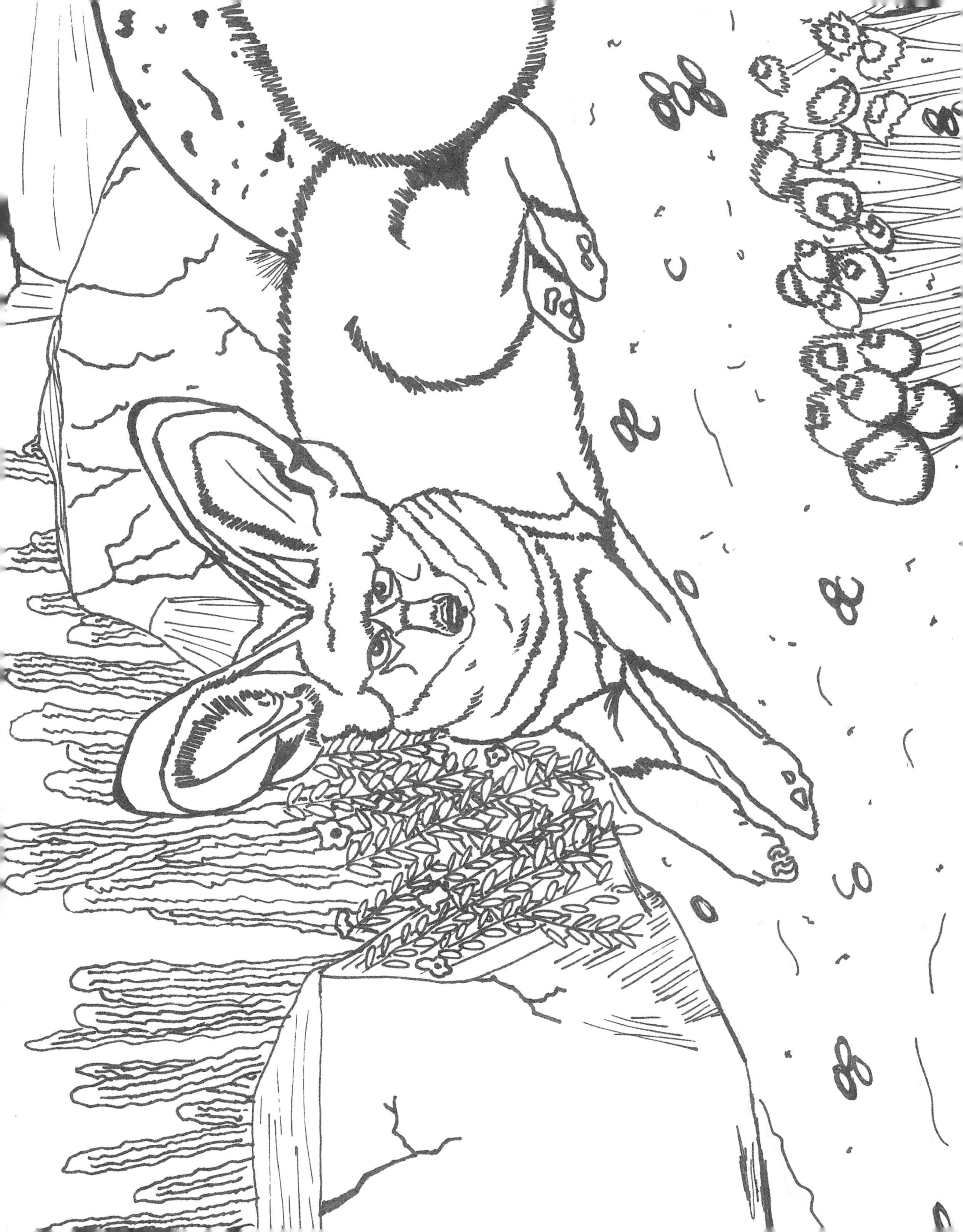

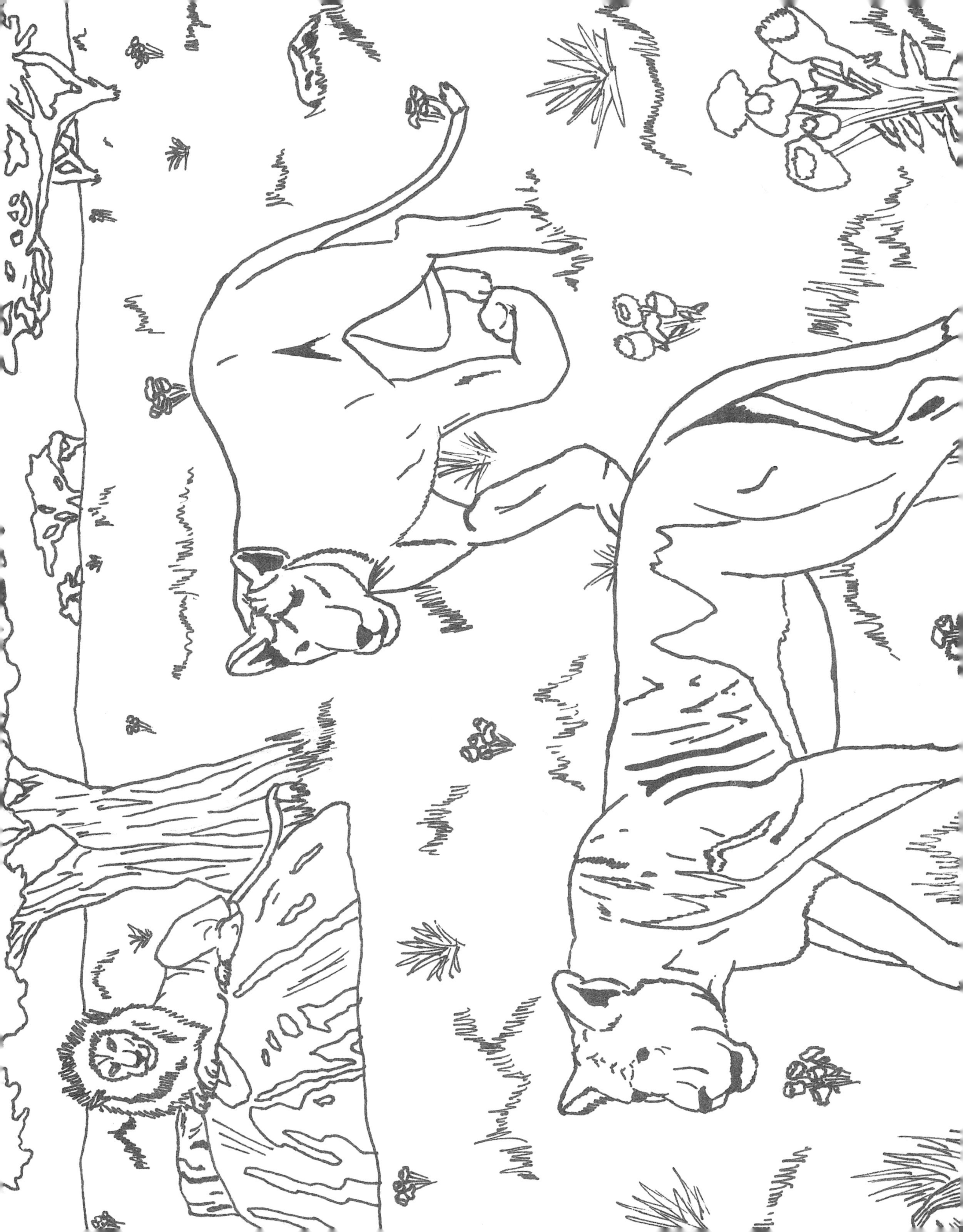

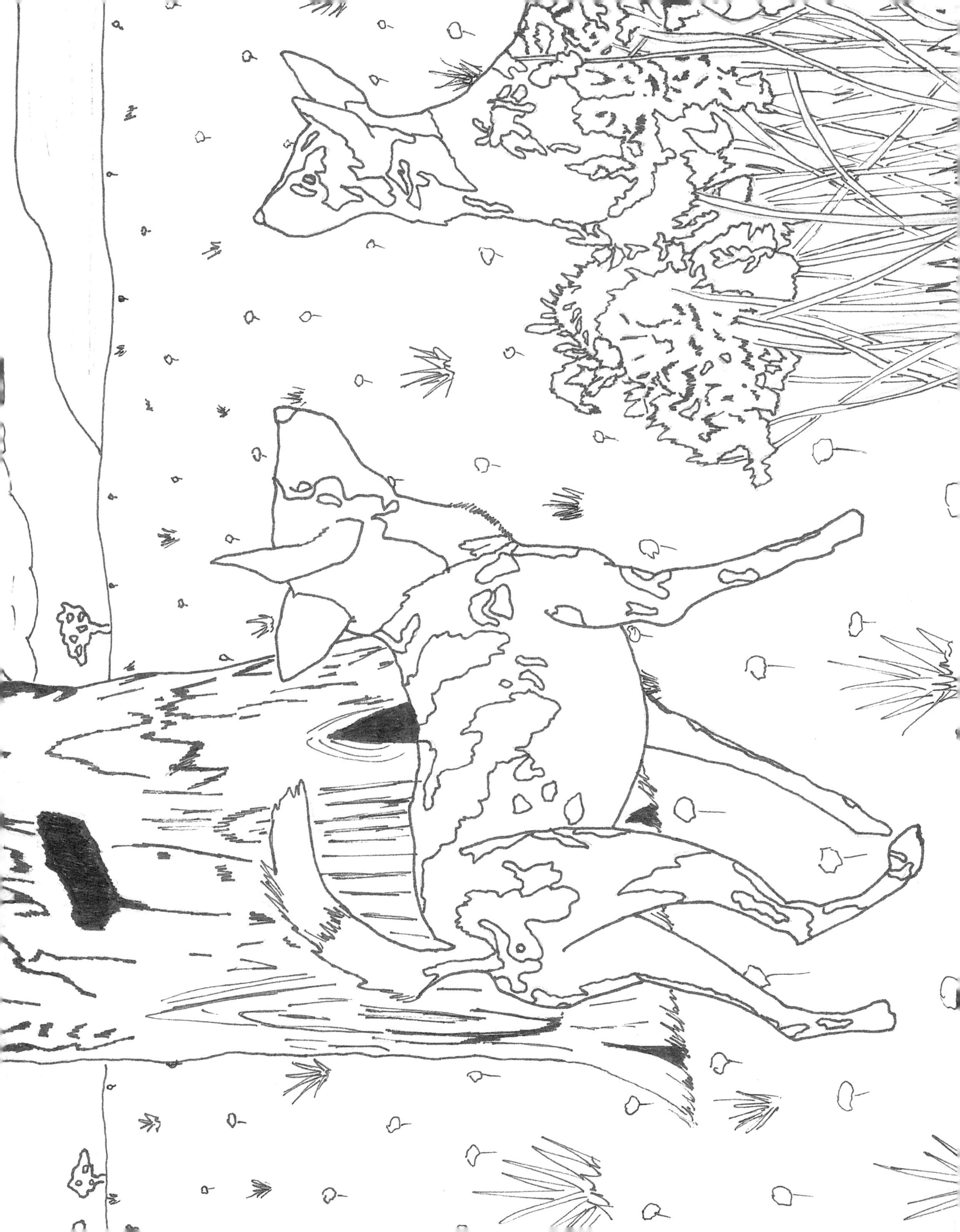

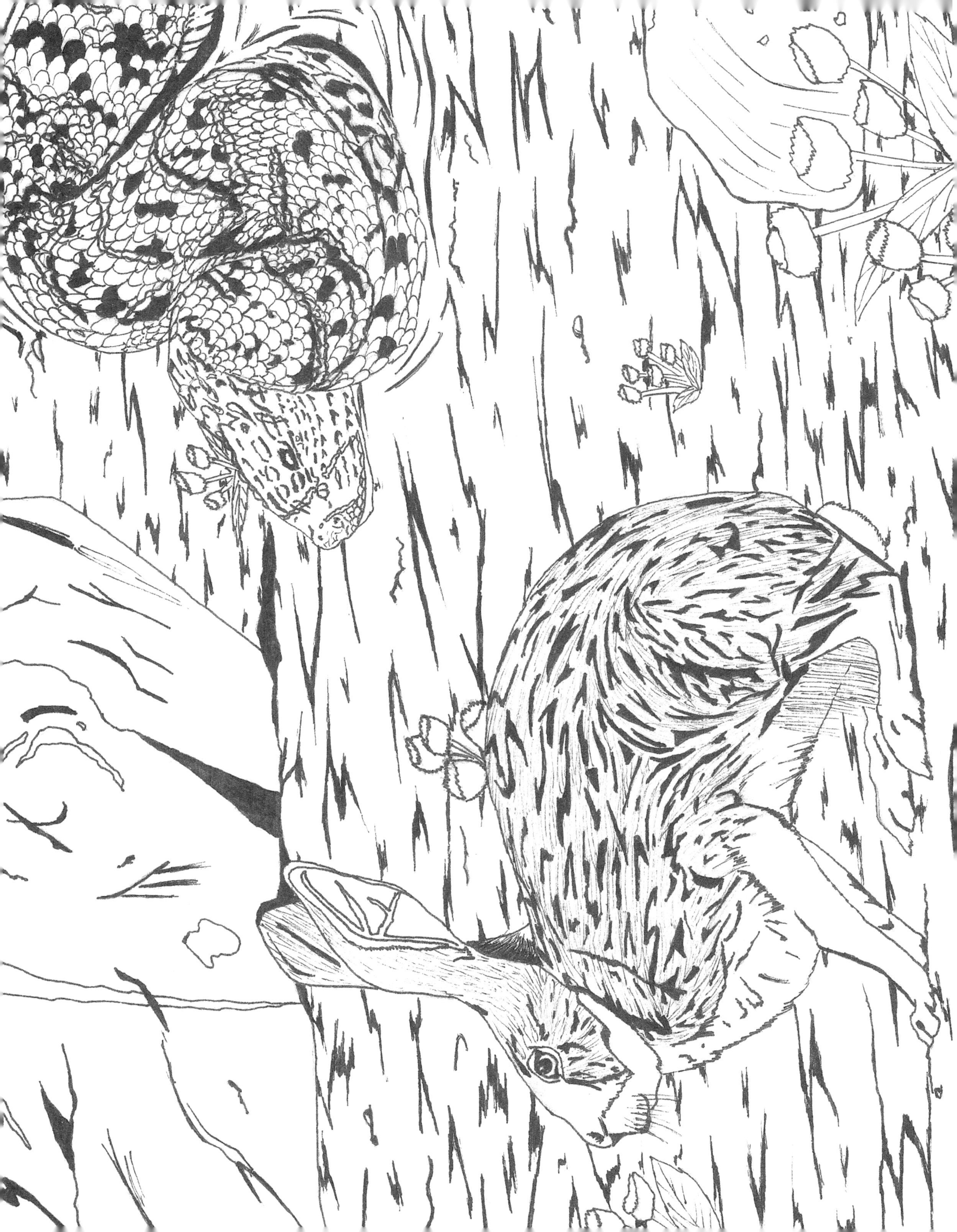

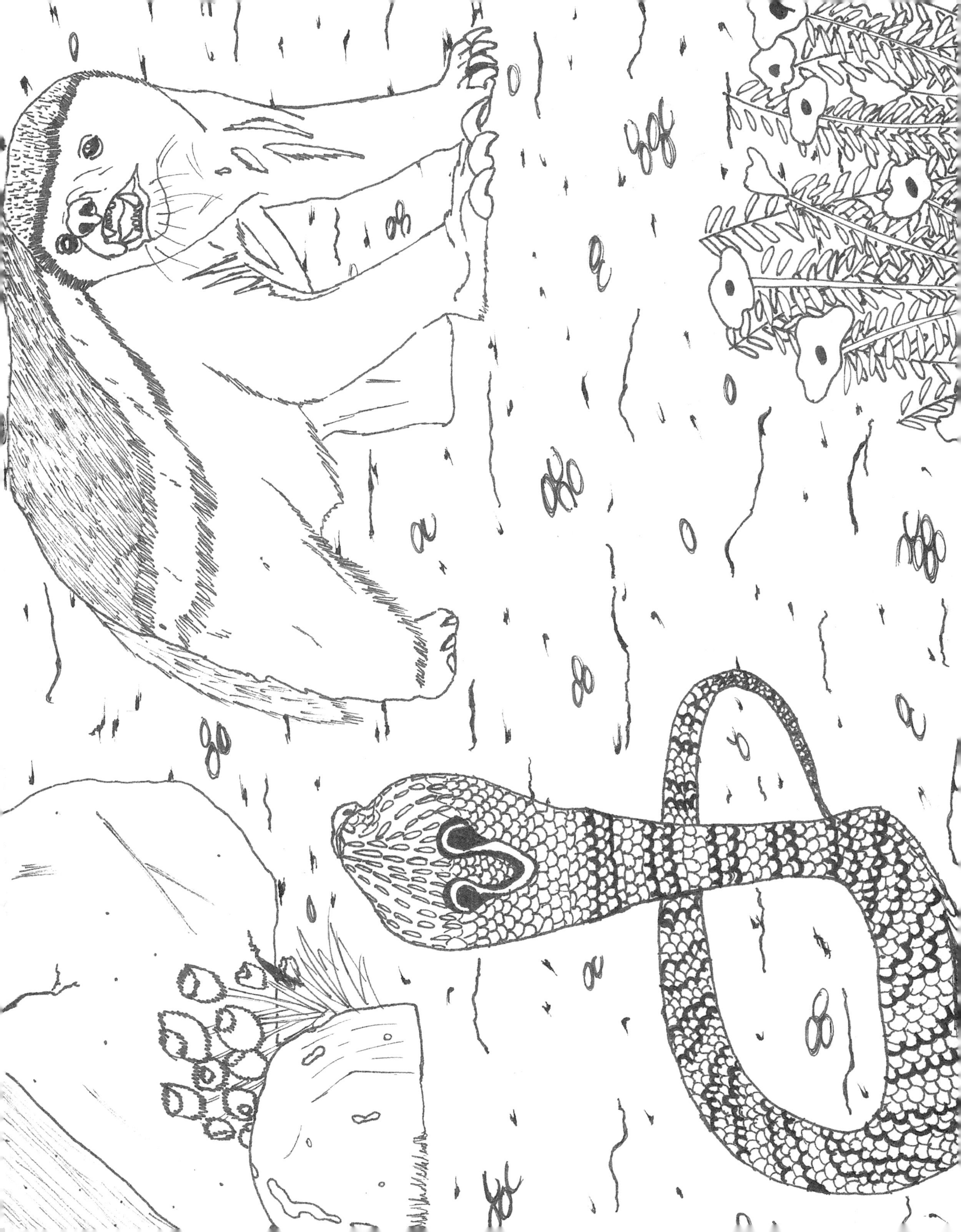

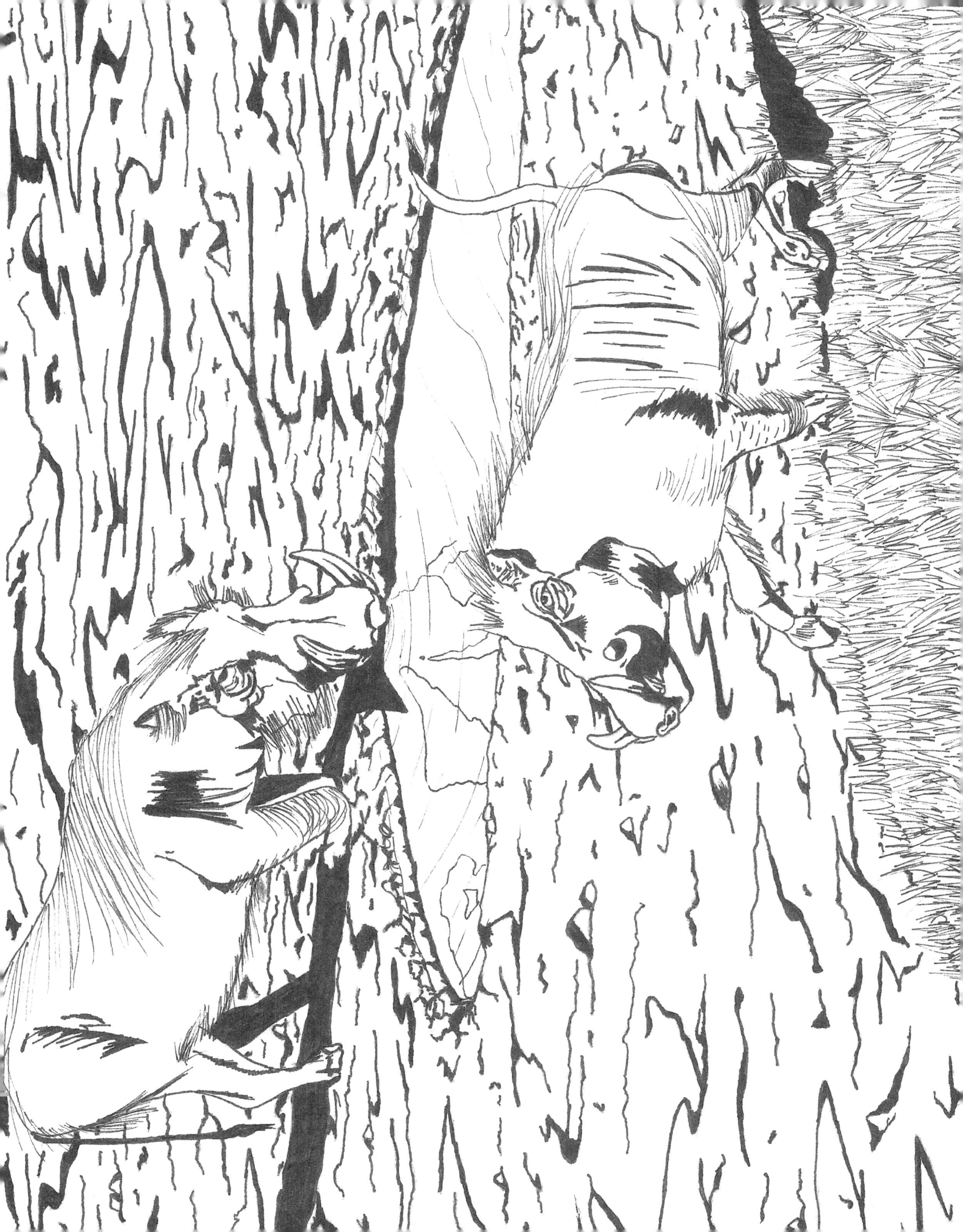

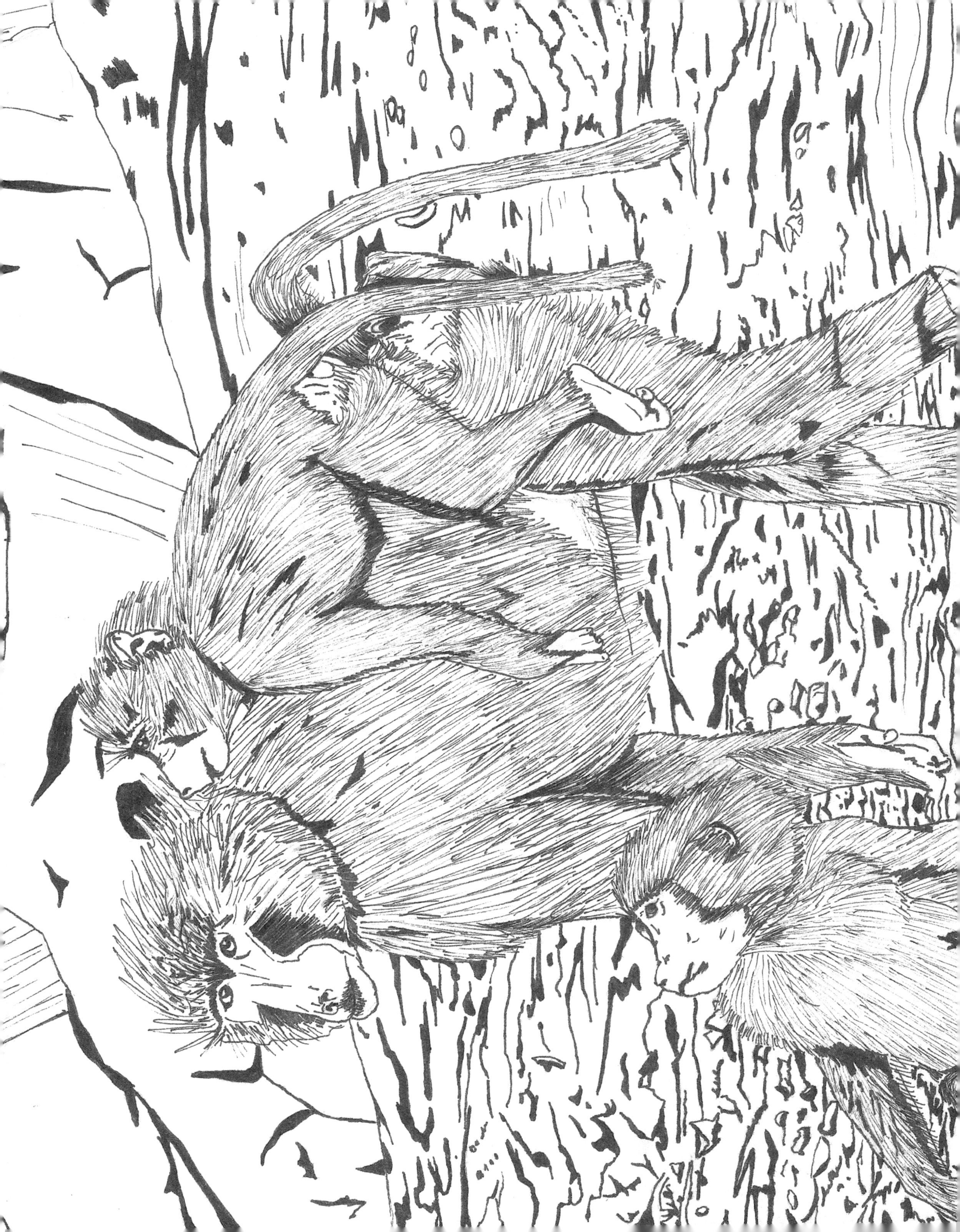

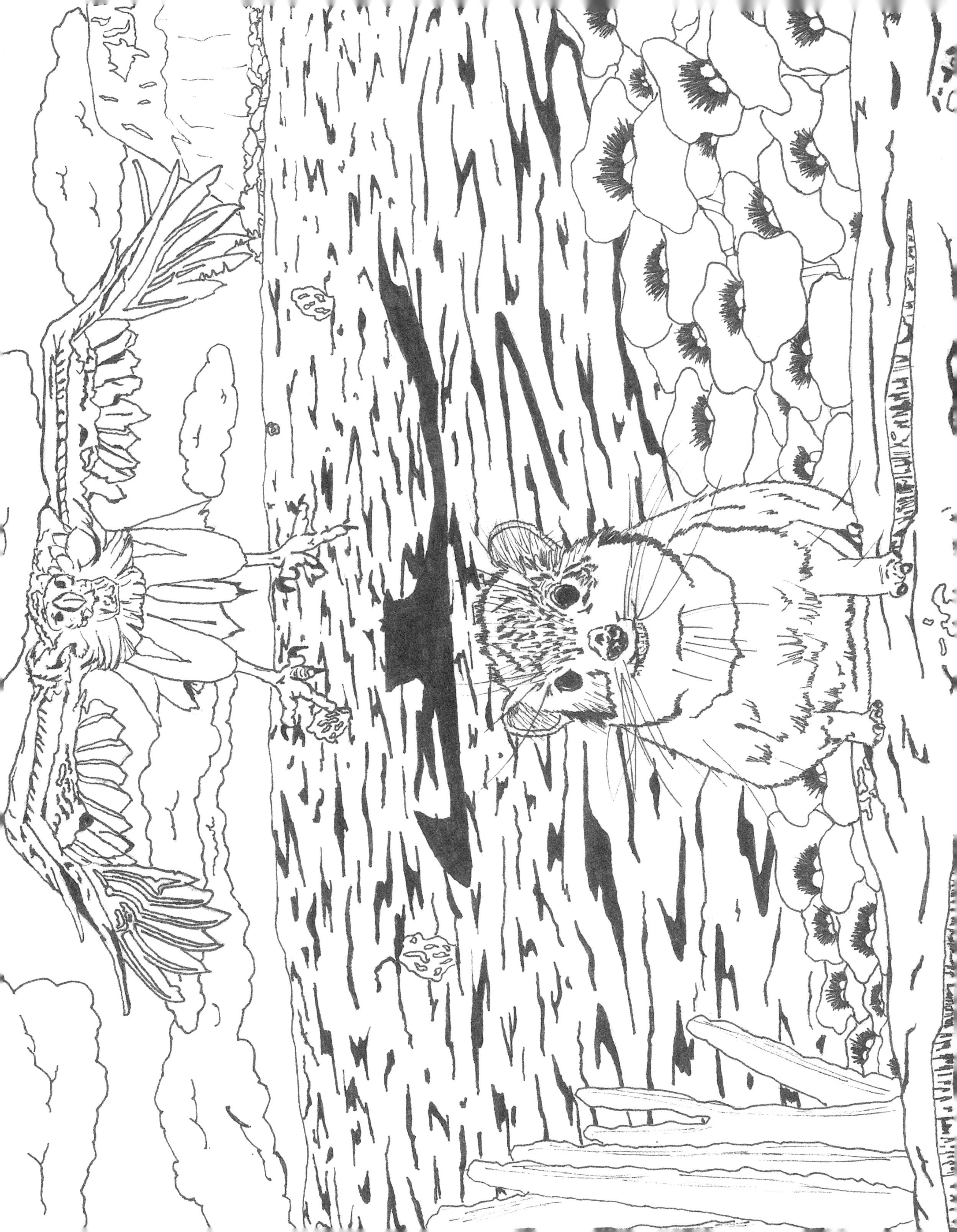

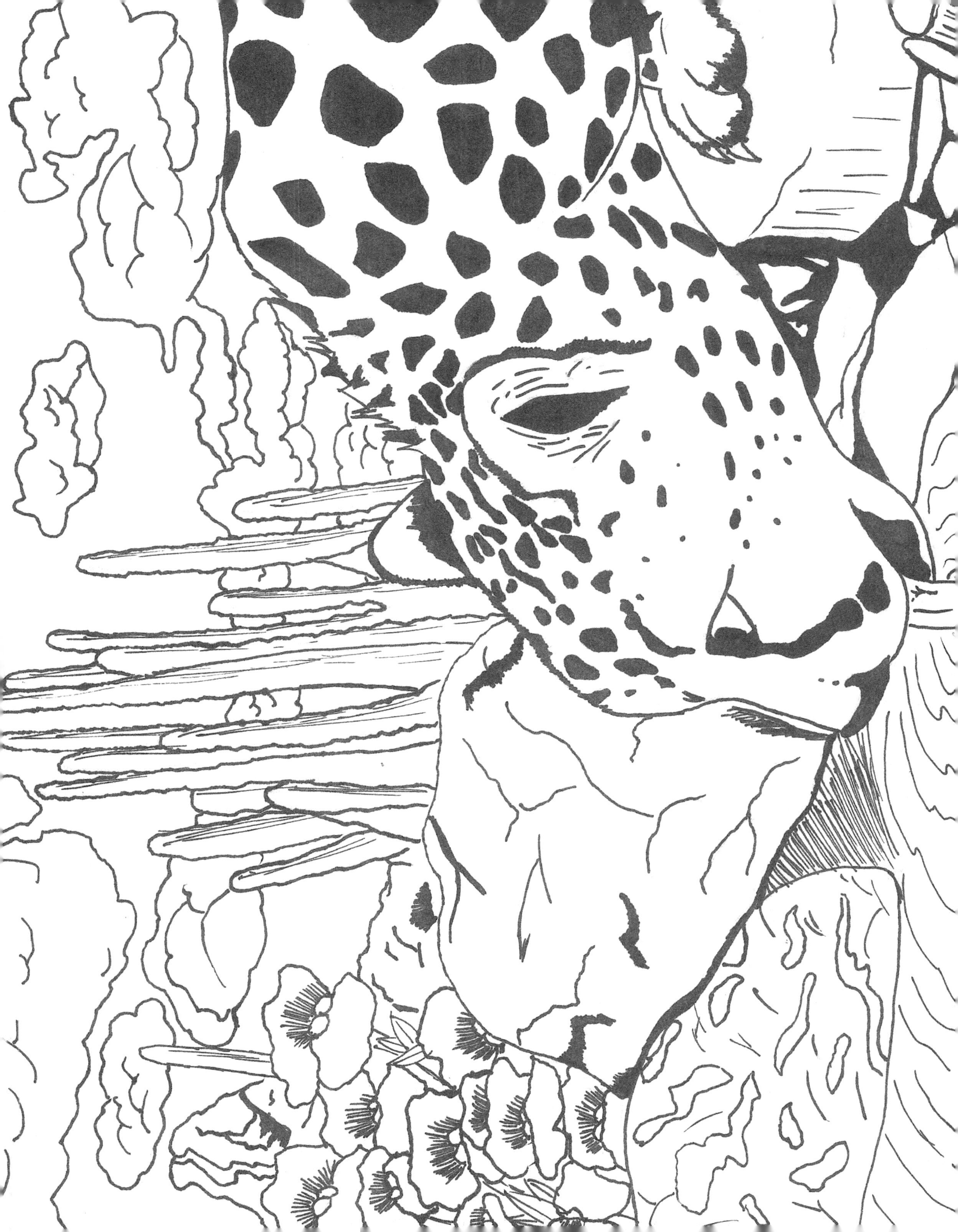

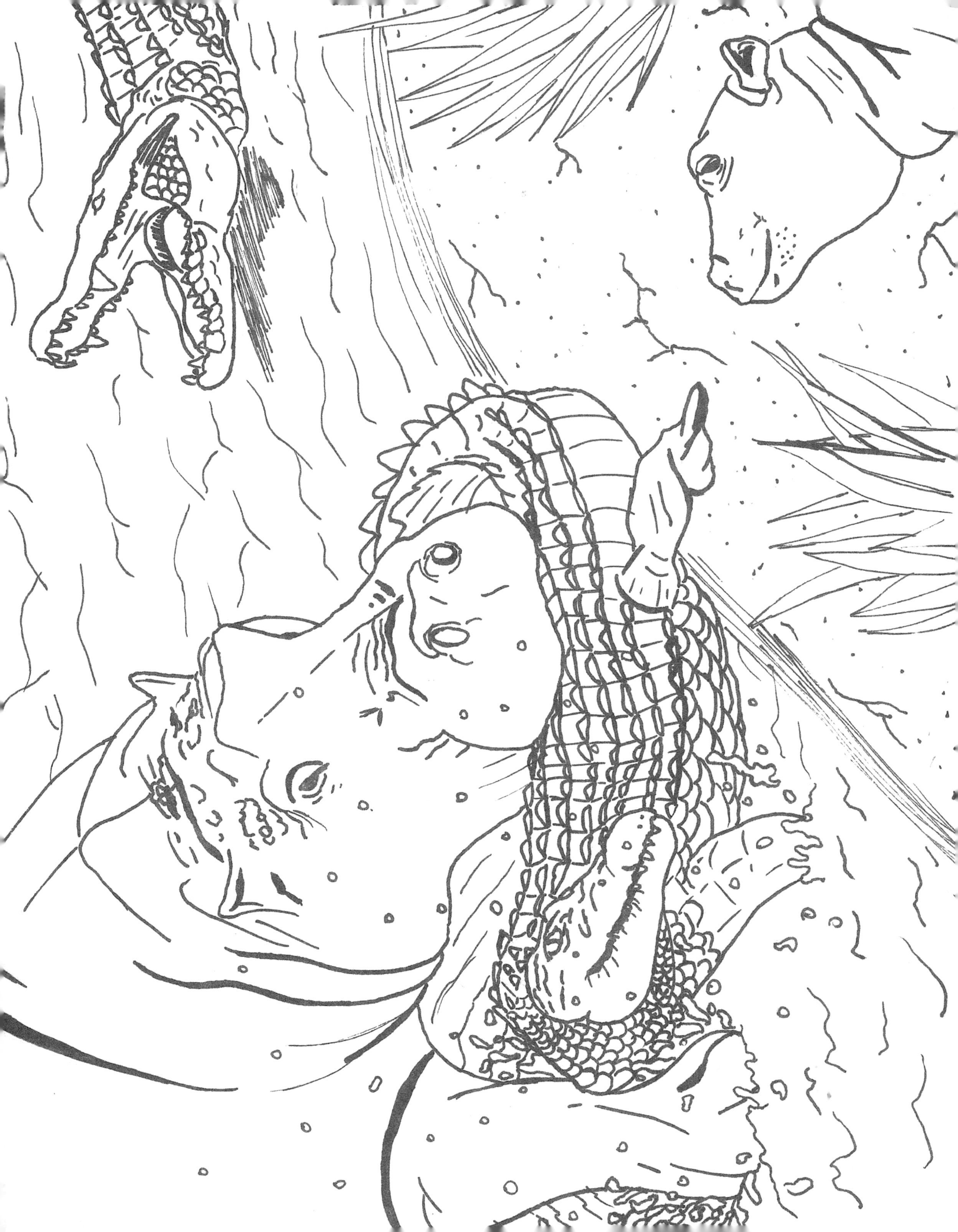

www.ingramcontent.com/pod-product-compliance
Lightning Source LLC
Chambersburg PA
CBHW081426280526
45788CB00009B/3239
* 9 7 8 1 5 4 4 1 0 6 8 3 0 *